BEI GRIN MACHT SICH IHR WISSEN BEZAHLT

- Wir veröffentlichen Ihre Hausarbeit,
  Bachelor- und Masterarbeit

- Ihr eigenes eBook und Buch -
  weltweit in allen wichtigen Shops

- Verdienen Sie an jedem Verkauf

Jetzt bei www.GRIN.com hochladen und kostenlos publizieren

Ernst Probst

Lisl Schwab. Die erste Kunstfliegerin in Bayern

GRIN Verlag

Bibliografische Information der Deutschen Nationalbibliothek:

Die Deutsche Bibliothek verzeichnet diese Publikation in der Deutschen National-
bibliografie; detaillierte bibliografische Daten sind im Internet über http://dnb.d-
nb.de/ abrufbar.

Impressum:

Copyright © 2010 GRIN Verlag, Open Publishing GmbH
Druck und Bindung: Books on Demand GmbH, Norderstedt Germany
ISBN: 978-3-640-67932-4

Dieses Buch bei GRIN:

http://www.grin.com/de/e-book/155520/lisl-schwab-die-erste-kunstfliegerin-in-
bayern

GRIN - Your knowledge has value

Der GRIN Verlag publiziert seit 1998 wissenschaftliche Arbeiten von Studenten, Hochschullehrern und anderen Akademikern als eBook und gedrucktes Buch. Die Verlagswebsite www.grin.com ist die ideale Plattform zur Veröffentlichung von Hausarbeiten, Abschlussarbeiten, wissenschaftlichen Aufsätzen, Dissertationen und Fachbüchern.

Besuchen Sie uns im Internet:

http://www.grin.com/

http://www.facebook.com/grincom

http://www.twitter.com/grin_com

Ernst Probst

Lisl Schwab

Die erste Kunstfliegerin
in Bayern

*Den Fliegerinnen
in Bayern gewidmet*

Lisl Schwab (1900–1967)
Foto: Stadt Ingolstadt

Eine bekannte deutsche Flugpionierin, Motor-fliegerin und Kunstfliegerin war die aus Ingolstadt stammende Lisl Schwab (1900–1967), eigentlich Elisabeth Maria Schwab. Bayerns erste Kunstfliegerin feierte in den 1930-er Jahren ihre größten Triumphe. Später wurde es auffallend still um sie und sie starb arm und unbeachtet.

Elisabeth Maria Schwab kam am 3. September 1900 in Ingolstadt (Bayern) als erstes von sieben Kindern der Eheleute Johann Josef Schwab und Therese Schwab (1878–1968), geborene Wolf, zur Welt. Ihre Eltern hatten am 9. August 1899 in Pegnitz (Oberfranken) geheiratet, einige Monate lang dort gewohnt und waren im Januar 1900 nach Ingolstadt gezogen.

Der Vater von Lisl war ein Gutsbesitzersohn aus Steinbach im Odenwald und arbeitete zunächst als Rechtsanwalt mit bescheidenen Einkünften und später als Justizrat mit sicheren Einkommen am Amtsgericht Eichstätt. Er war 13 Jahre älter als seine Gattin. Über ihn hieß es später, er sei anständig, geachtet und angesehen gewesen. Man beschrieb ihn als den biedersten Menschen in einer etwas verrückten Fami-lie.

Die Mutter von Lisl Schwab war die Tochter eines Ziegeleibesitzers in Ingolstadt, galt als Schönheit und lebte die meiste Zeit ihres Lebens in ihrem Geburtsort. Die Familie Schwab wohnte in Ingolstadt im Haus Ludwigstraße 7. Dort wuchsen Lisl und die anderen

Kinder auf. Einige der Geschwister von Lisl sind sehr jung gestorben. Ihre Schwester Eleonora starb 1904 bereits zwei Tage nach der Geburt, ihr Bruder Alfred 1905 mit vier Jahren und ihr Bruder Friedrich 1908 zwei Wochen nach der Geburt.

Die katholische Lisl Schwab besuchte die sechsklassige höhere Töchterschule des Klosters Gnadenthal in Ingolstadt. In der Schulkartei ist „Elsa" als ihr Vorname eingetragen. Von Kindheit an wurde sie aber „Lisl" gerufen. Ihre Teenagerphase fiel in die Zeit des Ersten Weltkrieges (1914–1918).

Während des Ersten Weltkrieges diente der Vater von Lisl Schwab in der Bürgerwehr. Ihre Mutter Therese begegnete damals in Ingolstadt einem französischen Kriegsgefangenen, der Maler war und sie offenbar für die Malerei begeisterte. Fortan widmete die talentierte Frau einen Großteil ihrer Freizeit dem Malen, sammelte Malerfreunde um sich, die in ihrem Haus in der Ludwigstraße ein- und ausgingen und wollte sogar noch während des Ersten Weltkrieges eine „Künstlerkolonie" gründen. Sie malte vor allem Stadtansichten, aber auch Blumen und Porträts und hatte damit Erfolg.

Die Mutter von Lisl Schwab bewies bei ihrem Hobby Mut, Willensstärke, Durchsetzungsvermögen und Energie. Diese Wesenszüge besaß offenbar auch ihre älteste Tochter Lisl. „Beide setzen sich in einer Männerwelt durch, beide verfolgen unbeirrt das, was sie begeistert, beiden gelingt die Realisierung ihrer Ziele."

schrieb Christa Niklas in dem Beitrag „Therese und Lisl Schwab – Die Malerin und die Pilotin" für das Werk „Zeit der Frauen. Ingolstädterinnen aus drei Jahrtausenden" (2004).

Vom 3. Januar bis zum 3. Februar 1917 wurde die 16-jährige Lisl Schwab als Helferin des „Roten Kreuzes" ausgebildet. Weil sie die jüngste Kursteilnehmerin war, hat man sie anschließend 1917/1918 nicht als Helferin eingesetzt, sondern als Bürokraft auf der Telefonstation des „Reserve-Lazaretts II" in Ingolstadt.

Im Lazarett lernte Lisl Schwab einen jungen Fliegerleutnant namens Klotz kennen, der sie nicht nur persönlich interessierte, sondern auch ihre Begeisterung für die Fliegerei weckte. Über ihn hat sie sich später nie öffentlich geäußert. Deshalb weiß man nicht, wie dieser Fliegerleutnant aussah und wie alt er war. In ihrem Kopf setzte sich der Gedanke fest: „Wetten, dass ich das auch könnte".

Ob Lisl Schwab nach dem Ende des Ersten Weltkrieges noch briefliche Kontakte oder sogar persönliche Treffen mit dem Fliegerleutnant Klotz hatte, ist nicht bekannt. Fest steht, dass sie im Alter von 19 Jahren, was damals als noch nicht volljährig galt, ihr Elternhaus verließ und nach München zog. Im Januar 1921 kehrte sie für ein halbes Jahr in die Wohnung ihrer Eltern in der Ludwigstraße nach Ingolstadt zurück. Im Juli 1921 zog sie nach Bamberg und im November jenes Jahres nach Neu-Ulm.

Im Frühsommer 1926 fand Lisl Schwab in Ulm einen Lehrer namens Stautner, der ihr für gutes Geld mit „Trockenübungen" das Fallschirmspringen beibrachte. Am 26. Juni 1926 wagte die 26-jährige Lisl bei einem Flugtag in Bad Oeynhausen ihren ersten Sprung mit dem Fallschirm. Dabei saß sie erstmals in einem Flugzeug und hatte mehr Angst vor dem Fliegen als vor dem Fallschirmabsprung. Doch der Absprung glückte. Die Erde flog ihr entgegen, sie landete butterweich und es war so windstill, dass sich der Fallschirm geräuschlos auf den Rasen legte und zu einem Tuch zusammensank.

In der Folgezeit bestritt Lisl Schwab ihren Lebensunterhalt mit Fallschirmabsprüngen bei Flugtagen. Von Januar 1927 bis Oktober 1928 gab sie noch ihr Elternhaus in Ingolstadt als ihre Anschrift an, kam aber nur noch besuchsweise dorthin. Das Geld, das sie als Fallschirmspringerin verdiente, verwendete sie nicht nur für ihren Lebensunterhalt, sondern auch zur Finanzierung des Pilotenscheins für Leichtflugzeuge, den sie vermutlich Ende der 1920-er oder Anfang der 1930-er Jahre erwarb.

Häufig wechselte Lisl Schwab ihren Wohnort. Sie lebte zeitweise in Neuburg, Hohenwart, Böblingen und 1931 wieder einmal in der Ludwigstraße 7 in Ingolstadt.

Anfang der 1930-er Jahre kaufte Lisl Schwab ihr eigenes Flugzeug. Dabei handelte es sich um eine zweisitzige

Maschine des Typs „Messerschmitt", die sie auf den flotten Namen „Schnattergans" taufte. Bei Flugtagen trat sie unter wechselnden Künstlernamen wie „Elfriede Corring", „Elfriede Corriny" oder „Filmdiva Elila Corinny" auf.

Ende Januar 1932 fragte Lisl Schwab bei Rudolf Heß (1894–1987), der 1933 „Stellvertreter des Führers" wurde, wegen Propaganda-Aufträgen für die „Nazis" an. Heß antwortete ihr, wenn der Wahlkampf einsetze, werde er sich ihrer erinnern. Auf alle Fälle gebe er ihre Zeilen befürwortend an die Propagandaabteilung weiter und empfehle ihr, dieser ihre Bedingungen zu übermitteln.

Bald konnte Lisl Schwab von den Honoraren für Fallschirmabsprünge und Schauflüge bei Flugtagen sowie mit Reklameflügen – beispielsweise für die Webwaren-Firma Witt in Weiden, für die Zigarettenfabrik Sturm in Dresden und für die Parteizeitung der „Nazis" in Franken während der so genannten „Kampfzeit" vor 1933 – leben. Für die „Nazis" zog sie Transparente oder warf sie Propagandamaterial ab.

Am 25. Mai 1932 war Lisl Schwab die große Attraktion beim Flugtag in ihrem Geburtsort Ingolstadt. Bei diesem Auftritt wagte sie einen Fallschirmabsprung aus rund 800 Metern Höhe, der problemlos gelang und von mehreren Tausend Zuschauern bejubelt wurde. Anfang Juni 1932 trat sie beim Nürnberger Großflugtag auf.

Lisl Schwab war eine engagierte Nationalsozialistin
Foto: Stadt Ingolstadt

Während des „Dritten Reiches" arbeitete Lisl Schwab weiter als Berufspilotin. In der Ingolstädter Zeitung „Donau-Kurier" hieß es über sie, sie habe zwar nicht die Nähe zu den Machthabern gesucht wie viele andere, sei aber auch nicht auf Distanz gegangen, weil sie ihren Lebensunterhalt verdienen musste.

Mitte der 1920-er Jahre hatte sich Lisl Schwab noch nicht für Politik interessiert. Doch bald bekannte sie sich aktiv zu den Zielen der „NSDAP" („National-sozialistische Deutsche Arbeiter-Partei") – und zwar schon, bevor sie in diese Partei eintrat.

Im August 1932 trat sie der „NSDAP" bei. In dem Buch „Schneidige deutsche Mädel. Fliegerinnen zwischen 1918 und 1945" (2007) von Evelyn Zegenhagen heißt es, Lisl Schwab sei keine Opportunistin gewesen, die der „NSDAP" lediglich aus Gründen des Karriereerhalts und der Karriereförderung beigetreten sei. Sie sei eine motivierte und engagierte Nationalsozialistin gewesen. Auf die Tragflächen ihres Flugzeuges hat sie Anfang der 1930-er Jahre die Werbung „Lest den Stürmer" lackieren lassen. „Der Stümer" war eine antisemitische nationalsozialistische Zeitschrift pornographischen Charakters.

Bei einem Flugtag 1933 begegnete Lisl Schwab dem Diktator Adolf Hitler (1889–1945). Mit Hans Schemm (1891–1935), zunächst Gauleiter von Oberfranken und später des „Gau Bayerische Ostmark", war sie eng befreundet. Oft flog sie Schemm zu Dienstauftritten

Fliegerin Lisl Schwab
Foto: Stadt Ingolstadt

und Vorträgen. Schemm kam 1935 bei einem Flugzeugabsturz in Bayreuth ums Leben.

Aus Anlass der „Olympischen Spiele 1936" beteiligte sich Lisl Schwab an Flugveranstaltungen in Berlin. 1937 nahm sie an einem Sternflug nach Paris während der Weltausstellung teil und gewann die Damenkonkurrenz im Kunstflug. In jenem Jahr war Bayreuth ihr Wohnort. 1937 starben der Großvater und der Vater von Lisl Schwab im Abstand von einigen Monaten. Ihr Vater war 38 Jahre lang mit ihrer Mutter verheiratet gewesen. Ihre Mutter blieb auch nach dem Tod ihres Ehemannes in der Ludwigstraße 7 in Ingolstadt.

Ab 1. April 1938 arbeitete Lisl Schwab für den „NS-Lehrerbund e.V." als Flugzeugführerin. Diese Anstellung verdankte sie vermutlich ihren früheren Kontakten mit Hans Schemm, der ab 1934 Reichsleiter des „NS-Lehrerbundes" und Leiter des „Hauptamtes für Erzieher" in der Reichsleitung der „NSDAP" gewesen war.

Kurz vor Ausbruch des Zweiten Weltkrieges (1939–1945) erwarb Lisl Schwab bei einem Kurs des „NSFK" in Berlin-Rangsdorf den B1/B2-Schein als Vorbereitung für einen eventuellen Einsatz als Überführungs- und Nachschubfliegerin. In der Folgezeit war sie durch das Reichsluftfahrtministerium in verschiedenen Positionen beschäftigt.

Von Oktober bis Dezember 1941 arbeitete Lisl Schwab bei der Firma „Letov" in Ölmütz (Mähren) und von

Fliegeridol Ernst Udet (1896–1941)
Foto: Bundesarchiv, Bild 102-12228 / CC-BY-SA
(via Wikimedia Commons), lizensiert unter
CreativeCommons-Lizenz by-sa-3.0-de
http://creativecommons.org/licenses/by-sa/3.0/de/
legalcode

Januar 1942 bis Juni 1943 bei der böhmisch-mährischen Maschinenfabrik in Prag jeweils als Einfliegerin. Dort unternahm sie Überführungsflüge bis zum Baumuster „Junkers W 34". Im Januar 1943 verlieh ihr Adolf Hitler für ihren Einsatz als Werkspilotin das Kriegsverdienstkreuz 2. Klasse. Zwischen Juli 1943 und Juni 1944 war sie Chefpilotin bei der „Leichtbau GmbH" in Budweis auf dem dortigen Fliegerhorst, wo sie Maschinen des Typs „Fieseler Fi 156" einflog und monatlich 1.200 Reichsmark verdiente.

Von Juli 1944 bis zum 15. September 1944 setzte man Lisl Schwab beim Überführungsgeschwader der Fliegerhorstkommandantur A (o) 18/III, Platz-Kommando Berlin-Tempelhof ein und vom 16. September 1944 bis zum 7. Mai 1945 beim Überführungsgeschwader I, Süd-Ost, in Prag-Gbell, Bad Vöslau, Linz-Pöstlingberg, Hörsching und Klagenfurt. Während ihrer Anfangszeit als Überführungspilotin soll Lisl Schwab eine enge persönliche Beziehung mit dem Fliegeridol Ernst Udet (1896–1941) gepflegt haben. Udet wurde wegen seiner Auszeichnungen als Jagdpilot im Ersten Weltkrieg von Hermann Göring (1893–1945), dem Oberbefehlshaber der Luftwaffe, als Luftwaffenstratege geholt und verübte 1941 nach der verlorenen Luftschlacht um England Selbstmord.

In den letzten Kriegsmonaten transportierte Lisl Schwab vor allem verwundete deutsche Soldaten von ihren Einsätzen aus Ungarn zurück. „Dass ich mithelfen konnte, so vielen Frauen den Mann, vielen Eltern den Sohn und vielen Kindern den Vater zu erhalten, war mir eine große Genugtuung." sagte sie später im privaten Kreis hierzu.

Insgesamt führte Lisl Schwab während des Zweiten Weltkrieges mehr als 3.000 militärische Flüge in allen Flugzeugtypen von der „Bf 109" und „Fw 1902 bis hin zu Transportflugzeugen. Damit sammelte sie große fliegerische Erfahrung. Im Mai 1945 geriet sie in amerikanische Kriegsgefangenschaft, konnte aber am 14. Juni 1945 fliehen.

Nach dem Zweiten Weltkrieg verlor Lisl Schwab als ehemalige „Nazifliegerin" im Zuge der Entnazifizierung ihre Pilotenlizenz. Über ihre fliegerischen Aktivitäten bis 1945 äußerte sie sich fortan sehr selten. Zunächst kehrte sie nach Bayreuth zurück und wohnte dort mit dem Künstler Hans Ott zusammen, den sie bereits in den 1920-er Jahren kennen gelernt hatte. Damals hatte Ott einen Artikel von ihr mit seinen Zeichnungen illustriert. Zeitweise betrieb sie das „Goldberg-Café" in Goldkronach im Fichtelgebirge, in dem gerne ihre Fliegerkameraden/innen einkehrten. Doch die Einnahmen reichten nicht zum Leben aus. Nachdem diese Unternehmen gescheitert war, hielt sich Lisl kurze Zeit bei ihrer Mutter in Ingolstadt auf.

Im August 1945 zog die Mutter von Lisl Schwab aus der Ludwigstraße 7 in Ingolstadt, wo sie viereinhalb Jahrzehnte lang gewohnt hatte, weg. Ihr neues Zuhause lag nun im Mühlweg 3 (später umbenannt in Brodmühlweg 13).

Von 1954 bis 1957 lebte Lisl Schwab in Ebenhausen-Werk und arbeitete im „Café an der Paar". Dank der Vermittlung des ehemaligen Fliegergenerals im Zweiten Weltkrieg, Josef Kammhuber (1896–1986), erhielt sie eine Arbeit in einer Fallschirmfabrik nahe des Bodensees. Ihre Aufgabe war es, die fertig gestellten Fallschirme zu überprüfen.

Die Beschäftigung mit der Fallschirmseide weckte bei Lisl Schwab erneut ihre alte Leidenschaft für Fallschirmabsprünge und für das Fliegen. Zunächst trat sie als Fallschirmspringerin bei Luftfahrt-Veranstaltungen auf. 1956 absolvierte sie, obwohl sie wenig Geld hatte, in München-Riem ein zweites Mal die Pilotenprüfung für Privatflugzeuge. „Lisl Schwab fliegt immer noch wie eine Eins", konnte man am 1. Juni 1966 in der Zeitschrift „Der Flieger" über sie lesen.

In der Folgezeit reiste Lisl Schwab, um Hotelkosten zu sparen, in einem Wohnwagen und in Begleitung ihres Boxerhundes an Wochenenden zu Flugtagen. Wochentags arbeitete sie weiterhin in der Fallschirmfabrik. Außerhalb der „Saison" stand der Wohnwagen auf dem Grundstück ihrer Mutter am Brodmühlweg in Ingolstadt.

Mutter Therese und Tochter Lisl verstanden sich, obwohl sie sich zeitweise nicht oft sahen, sehr gut. Lisl nahm ihre Mutter, so oft es ging, zu Flugveranstaltungen mit. Sie fuhren zusammen im Auto oder flogen zusammen im Flugzeug.

Ende der 1950-er Jahre hatte Lisl Schwab ihre letzten Auftritte als Fallschirmspringerin und Pilotin. Einst bewunderte man sie als die erste Fallspringerin in Bayern, jetzt als die älteste Springerin. Auf Fotos wirkt sie immer freundlich, glücklich und selbstbewusst, stellte die Autorin Christa Niklas fest und fügte hinzu, in ihrem Blick sei immer Zielstrebigkeit zu erkennen, Arroganz dagegen nicht.

Von August 1961 bis September 1966 wohnte Lisl Schwab in Weingarten nördlich von Ravensburg, nicht sehr weit vom Bodensee entfernt. Weil sie wusste, dass ihre zu erwartende Rente gering ausfallen würde, arbeitete sie über die Altersgrenze hinaus in der Fallschirmfabrik nahe des Bodensees.

Im Herbst 1966 ließ der gesundheitliche Zustand von Lisl Schwab deren weitere Berufstätigkeit nicht mehr zu. Bereits vom Lungenkrebs gekennzeichnet kehrte Lisl im September 1966 aus Weingarten in ihren Geburtsort Ingolstadt zurück. Ihre Mutter hatte eine Hälfte des großen Gartengrundstücks, das zu dem Anwesen im Brodmühlweg in Ingolstadt gehörte, verkauft und vom Erlös eine Eigentumswohnung in der Gutenbergstraße in Ingolstadt für ihre Tochter Lisl erworben.

Lisl Schwab befand sich damals in einer prekären finanziellen Situation. Sie war Sozialhilfeempfängerin und hatte weder genügend Einkommen noch Rente, um sich eine eigene Wohnung leisten zu können. Mit der Überlassung der kleinen Eigentumswohnung wollte ihr die Mutter zumindest die Sorge um Mietzahlungen nehmen.

In dieser Ingolstädter Eigentumswohnung lebte Lisl Schwab nur einige Monate lang. Um ihre spärliche Rente von 250 Mark aufzubessern, nahm sie dort noch einen Untermieter auf. Jener Untermieter fand Lisl nach einem körperlichen Zusammenbruch in der Eigentumswohnung und kümmerte sich um ihre ärztliche Versorgung. Auf ausdrücklichen Wunsch brachte man sie nicht in ein Ingolstädter Krankenhaus, sondern in eine Klinik nach München.

Offenbar ahnte Lisl Schwab, dass ihr Leben zu Ende ging. Sie sagte nämlich zu ihrer Schwägerin Marianne Schwab: „Ich sterb' nicht in Ingolstadt, dass die Leut da noch was zu reden hätten." Da sie ihren Geburtsort schon als sehr junge Frau verlassen hatte, hatte sie keine sehr große emotionale Bindung an Ingolstadt und seine Einwohner. Am 19. Januar 1967 starb Lisl Schwab in einer Münchner Klinik im Alter von 66 Jahren an Lungenkrebs.

Am 16. September 1967 berichtete die in Ingolstadt erscheinende Zeitung „Donau-Kurier" unter der Überschrift „Therese Schwab nimmt Abschied", die Malerin habe in der „Neuen Galerie" ihre letzte Ausstellung eröffnet und wolle in absehbarer Zeit in die USA übersiedeln. Dort wollte die 89-Jährige ihrer

Tochter Hilde, die seit 1949 in den USA lebte, und ihrem Sohn Theo, der schon in den 1930-er Jahren ausgewandert war, nahe zu sein. Doch es kam ganz anders ...

Therese Schwab starb am 31. Januar 1968 – rund ein Jahr später als ihre Tochter Lisel – im Alter von 90 Jahren ebenfalls in München. Sie war von ihrem Sohn Hermann und seiner Familie, die seit mehr als 30 Jahren in München lebten, über Weihnachten und Neujahr 1967/1968 eingeladen worden. Man überredete sie dazu, auch im Januar über in München zu bleiben, um sie am ersten Jahrestag des Todes von Lisl nicht allein zu lassen.

Die Fliegerin Lisl Schwab ist in ihrem Geburtsort nicht vergessen worden. Der Zeitung „Donau-Kurier" zufolge plant man in Ingolstadt, eine Straße im Fliegerviertel nach Lisl Schwab zu benennen.

Sophie Blanchard (1778–1819)
Bild: Reproduktion eines Kupferstiches von Jules Porreau
aus dem Jahre 1859, der nach ihrem Tod entstand

Frauen in der Luftfahrt

4. Juni 1784: Die französische Opernsängerin Elisabeth Thible, nach anderer Schreibweise auch Tible, fliegt in Lyon als erste Frau in einem Heißluftballon (Montgolfière) mit.

10. November 1798: Die Französin Jeanne Labrosse (1775–1845), die Ehefrau des Luftakrobaten André-Jacques Garnerin (1769–1823), unternimmt als erste Frau selbstständig einen Flug in einem Ballon.

12. Oktober 1799: Jeanne Labrosse wagt als erste Frau der Welt aus einer Höhe von rund 900 Metern einen Fallschirmsprung.

7. Juli 1819: Die erste professionelle Luftschifferin Frankreichs, Madeleine Sophie Blanchard (1778–1819), kommt in Paris bei einer Ballonfahrt als erste Frau beim Fliegen ums Leben.

Um 1850: Die französische Fallschirmspringerin Rosalie Poitevin (1819–1908) stellt in Parma (Italien) mit einem Sprung aus rund 2.000 Metern einen Frauenrekord auf, der erst 1931 von der Deutschen Lola Schröter (1906–1953) überboten wird.

4. Juli 1880: Mary Hawley Myers (1849–1932) unternimmt in Little Falls (New York) als erste Amerikanerin einen Alleinflug mit einem Ballon.

19. Juli 1893: Käthe Paulus (1868–1935) unternimmt in Nürnberg (Bayern) zusammen mit ihrem Verlobten Hermann Lattemann (1852–1894) ihren ersten Ballonflug. Sie gilt als erste Luftschifferin in Deutschland.

1893: Die Luftschifferin Käthe Paulus wird in Elberfeld bei Wuppertal die erste deutsche Fallschirmspringerin.

9. Juli 1903: Die Amerikanerin Aida de Acosta (1884–1962) unternimmt in Paris als erste Frau einen Alleinflug in einem lenkbaren Luftschiff.

1906: Die Amerikanerin E. Lillian Todd (1865–1937) entwirft und baut als erste Frau ein Flugzeug, das allerdings nie fliegt.

8. Juli 1908: Die französische Bildhauerin Thérésè Peltier (1873–1926) unternimmt in Turin (Italien) an Bord eines Doppeldeckers zusammen mit dem französischen Piloten Léon Delagrange (1873–1910) den ersten Flug mit einem weiblichen Passagier.

7. Oktober 1908: Edith Berg fliegt als erste Amerikanerin in Le Mans (Frankreich) in einem Flugzeug mit. Sie ist eine Passagierin des amerikanischen Luftpioniers Wilbur Wright (1867–1912) und die Ehefrau von Hart O. Berg, des europäischen Agenten von Wright.

26. Oktober 1909: Die Französin Marie Marvingt (1875–1963) fliegt als erste Frau mit einem Ballon von Frankreich nach England.

8. März 1910: Die französische Schauspielerin Raymonde de Laroche (1844–1919) wird die erste Pilotin der Welt.

9. April 1910: Hélène Dutrieu (1877–1961) wird die erste Pilotin in Belgien.

19. April 1910: Hélène Dutrieu fliegt als erste Frau der Welt einen Passagier.

Sommer 1910: Hilda Hewlett (1864–1943) wird Mitbegründerin der ersten Flugschule in England.

2. September 1910 (oder 6. September oder Mitte Oktober): Blanche Stuart Scott (1889–1970) wird angeblich die erste amerikanische Pilotin. Ihr Flug wird von der „Aeronautical Society of America" nicht anerkannt, weil er zufällig erfolgt.

16. September 1910: Bessica Medlar Raiche (1875–1932) wird angeblich die erste amerikanische Pilotin.

8. November 1910: Marie Marvingt wird die dritte Frau mit Pilotenlizenz in Frankreich.

1. August 1911: Harriet Quimby (1875–1912) wird die erste Amerikanerin mit Pilotenlizenz.

10. August 1911 (4. September 1911) : Lidija Swerewa (1890–1916) wird die erste Pilotin in Russland.

17. August 1911: Matilde Moissant (1878–1964) wird die zweite Amerikanerin mit Pilotenlizenz.

29. August 1911: Hilda Hewlett wird erste Britin mit Pilotenlizenz.

4. September 1911: Harriet Quimby unternimmt als erste Frau einen Nachtflug.

13. September 1911: Melli Beese-Boutard (1886–1925) legt als erste Deutsche die Pilotenprüfung ab.

10. Oktober 1911: Beatrix de Rijk (1883–1958) wird eine der ersten Pilotinnen in Holland.

Dezember 1911: Die Amerikanerinnen Harriet Quimby und Matilde Moisant (1878–1964) unternehmen als erste Pilotinnen einen Flug über Mexiko.

16. April 1912: Harriet Quimby überfliegt als erster weiblicher Pilot den Ärmelkanal (Englischer Kanal).

Juli 1912: Lilly Steinschneider (1891–1975) wird die erste Pilotin in Österreich-Ungarn.

2. September 1912: Die Französin Jeanne Pallier (1871–1939) fliegt bei ihrer Pilotenprüfung als erste Frau über Paris.

1912: Die Pilotin Ruth Law (1887–1970) fliegt als zweite Amerikanerin bei Nacht.

21. November 1912: Die russische Pilotin Ljuba Galanschikoff (1884–1968) stellt einen Höhenweltrekord für Frauen auf. Sie

erreicht mit einem geliehenen Fokker-Eindecker eine Höhe von 2.000 Metern.

5. Januar 1913: Rosina Ferrario (1888–1959) erhält als erste Pilotin in Italien vor dem Ersten Weltkrieg eine Fluglizenz.

31. Juli 1913: Die amerikanische Pilotin Alys McKey („Tiny") Bryant (1880–1954) unternimmt in Vancouver den ersten Flug einer Frau in Kanada. Ihre Flüge in Kanada waren Teil des Unterhaltungsprogramms für den Prinzen von Wales und den Herzog von York, die Vancouver und Victoria besuchen.

20. August 1913: Ljuba Galanschikoff unternimmt zusammen mit dem Piloten Léon Letort (1888–1913) den ersten Flug innerhalb eines Tages von Berlin nach Paris.

September 1913: Katherine Stinson (1891–1977) betätigt sich in Montana als erste Luftpostpilotin der USA.

1913: Hélène Dutrieu wird erstes weibliches Mitglied der „Pariser Luftwache" und schützt die französische Hauptstadt im Ersten Weltkrieg (1914–1918) vor Angriffen deutscher Flugzeuge und Militärluftschiffe.

19. Mai 1914: Die russische Pilotin Lydija Swerewa (1890–1916) fliegt in Riga (Litauen) als erste Frau einen Looping (Kunstflugfigur in senkrechter Kreisbahn).

6. Juni 1914: Else Haugk (1889–1973) wird die erste Pilotin der Schweiz.

1914: Prinzessin Eugenie Michailowna Shakhovskaya (1889–1920) wird die erste russische Militärpilotin. Sie unternimmt als Fähnrich im Dienste des Zaren etliche Aufklärungsflüge.

1915: Die Schwestern Marjorie Stinson (1896–1975 und Katherine Stinson (1891–1977) betreiben mit ihrer Mutter Emma Beaver Stinson in Texas die erste von Frauen geleitete Flugschule.

17. Januar 1915: Ruth Law (1887–1970 wagt in Daytona Beach (Florida) als erste amerikanische Pilotin einen Looping. Ihrer Landsmännin Katherine Stinson glückt dieses Kunststück am 18. Juli 1915 über dem Flugplatz „Cicero Field" in Chicago.

1915: Nahdeshda Degtera, deren Geburts- und Todesdatum unbekannt sind, ist die erste russische Pilotin, die bei einem Kampfeinsatz im Ersten Weltkrieg verwundet wird.

1916: Die Deutsche Käthe Paulus erfindet den zusammenlegbaren Fallschirm.

12. Juli 1919: Raymonde de Laroche stellt einen Höhenrekord für Frauen auf (4.800 Meter).

1919: Ruth Law befördert als erster Flieger Luftpost zu den Philippinen.

30. Mai 1920: Elsa Andersson (1897–1922) wird die erste schwedische Pilotin.

15. August 1920: Die amerikanische Pilotin Laura Bromwell (1899–1920) fliegt 87 Loopings und schafft damit einen Weltrekord.

1. April 1921: Die französische Pilotin Adrienne Bolland (1896–1975) fliegt als erste Frau über die Anden.

Mai 1921: Laura Bromwell fliegt 199 Loopings und stellt damit einen neuen Weltrekord auf.

15. Juni 1921: Die schwarze Amerikanerin Bessie Coleman (1893–1926) erhält in Frankreich ihre Fluglizenz und wird die erste afro-amerikanische Pilotin.

2. Oktober 1921: Elsa Andersson ist nach einem Absprung in Kristianstad die erste schwedische Fallschirmspringerin.

8. April 1922: Teresa de Marzo (1903–1986) wird die erste Pilotin in Brasilien.

1922: Tadashi Hyodo (1899–1980) wird die erste Pilotin in Japan.

3. September 1922: Bessie Coleman unternimmt den ersten öffentlichen Flug einer afro-amerikanischen Pilotin in den USA. Dabei springt der farbige Stuntman Hubert Fauntleroy Julian mit einem Fallschirm ab.

Oktober 1922: Lillian Gatlin aus Santa Ana (Kalifornien) wird die erste Passagierin bei einem Flug über Amerika. Sie reist von San Francisco (Kalifornien) nach Mineola (New York).

Der 2.680 Meilen-Nonstop-Flug dauert 27 Stunden 11 Minuten.

1925: Thea Rasche (1899–1971) wird erste Deutsche mit Kunstflugschein.

1925: Kwon Ki-ok (1901–1988) wird die erste Pilotin aus Korea.

1925: Lady Mary Heath (1896–1939) erhält als erste Frau in Großbritannien eine kommerzielle Fluglizenz.

28. März 1927: Millicent Maude Bryant (1878–1927) wird die erste Pilotin in Australien.

Mai 1927: Lady Mary Heath stellt mit 17.000 Fuß (umgerechnet 5.100 Meter) einen Höhen-Weltrekord für Leichtflugzeuge auf.

Ende August 1927: Prinzessin Anne Löwenstein-Wertheim (1864–1927) scheitert beim Versuch einer Atlantiküberquerung von England nach Amerika und kommt dabei ums Leben.

September 1927: Elinor Smith wird im Alter von 16 Jahren die damals jüngste Pilotin der USA.

Oktober 1927: Die Amerikanerin Ruth Elder (1902–1977) scheitert beim Versuch einer Atlantiküberquerung von England nach Amerika.

1927: Phoebe Fairgrave Omlie (1902–1975) wird die erste von der „Civil Aeronautics Administration" („CAA") zugelassene Flugzeugmechanikerin der USA.

1927: Lady Mary Heath unternimmt als erste Frau einen Alleinflug von Südafrika nach England.

1927: Die irische Pilotin Mary Bayley (1890–1960) fliegt als erste Frau über die Irische See.

Januar 1928: Ruth Rowland Nichols (1901–1960) unternimmt zusammen mit dem Piloten Harry Rogers den ersten Nonstop-Flug von New York nach Miami (Florida).

17. und 18. Juni 1928: Die amerikanische Fliegerin Amelia Earhart (1897–1937) fliegt zusammen mit dem Piloten Wilmer Stultz (1899–1929) und dem Mechaniker Louis Gordon von New York nach Paris. Sie ist die erste Frau, die an Bord eines Flugzeuges den Atlantik überquert.

27. Juli 1928. Lady Mary Heath fliegt als erste Frau der Welt ein Passagierflugzeug. Der Start erfolgt in Amsterdam (Niederlande), die Landung in Croydon (Großbritannien).

1928: Maryse Bastié (1898–1952) erwirbt als erste Französin den Führerschein für Passagierflugzeuge.

1928: Die deutsche Pilotin Marga von Etzdorf (1907–1933) wird erste Kopilotin der „Deutschen Luft Hansa" (damalige Schreibweise).

1928: Die irische Pilotin Mary Heath fliegt als erste Frau allein vom „Kap der Guten Hoffnung" (Südafrika) nach Kairo (Ägypten).

1928: Die amerikanische Pilotin Phoebe Fairgrave Omlie fliegt als erste Frau mit einem Leichtflugzeug über die Rocky Mountains.

Oktober 1928: Die deutsche Pilotin Erika Naumann stellt zusammen mit dem schweizerischen Fliegerhauptmann Wirth bei einem Flug von Böblingen (Süddeutschland) nach Wilna (Litauen) einen Weltrekord auf. Die Flugstrecke beträgt 1.305 Kilometer.

17. Dezember 1928: Die amerikanische Pilotin Marjorie Stinson wird bei der Gründungsversammlung der „Early Birds" in Chicago das erste weibliche Mitglied. Bedingung für die Aufnahme bei den „Early Birds" ist für Amerikaner, dass sie bereits vor dem Eintritt der USA in den Ersten Weltkrieg am 17. Dezember 1916 erstmals allein geflogen sind. Für Piloten aus Europa gilt der 4. August 1914 als Stichtag für die Aufnahme bei den „Early Birds".

1928/1929: Mary Bailey (1890–1960) fliegt als erste Frau allein von England nach Südafrika und wieder zurück. Hinflug vom 9. März bis 30. April 1928, Rückflug vom September 1928 bis 16. Januar 1929.

2. Januar 1929: Evelyn („Bobby") Trout unternimmt in Los Angeles (Kalifornien) als erste Frau einen Ganze-Nacht-Flug, der 12 Stunden 11 Minuten dauert.

1929: Florence „Pancho" Barnes" (1901–1975) wird die erste amerikanische Stuntpilotin. Sie wirkt in dem Film „Hells Angels" mit, der 1929 in die Kinos kommt.

1929: Phoebe Fairgrave Omlie wird die erste amerikanische Transportpilotin.

1929: Ilse Esser (1898–1994) promoviert als erste Deutsche in Luftfahrttechnik.

August 1929: Die britische Reporterin Grace Marguerite Hay Drummond-Hay (1895–1946) fliegt als erste Frau mit einem Luftschiff um die Welt. Der Flug erfolgt im deutschen Luftschiff „LZ-127 Zeppelin".

18. bis 26. August 1929: Die amerikanische Pilotin Louise Thaden (1905–1979) gewinnt das erste „Cleveland Women's Air Derby", den ersten Überlandflug-Wettbewerb für Pilotinnen, der scherzhaft als „Powder-Puff-Derby" bezeichnet wird. Der Start erfolgt in Santa Monica (Kalifornien), Ziel ist Cleveland (Ohio), gesamte Flugstrecke mehr als 2.700 Meilen (rund 4.500 Kilometer). Zweite wird Gladys O'Donnel, Dritte Amelia Earhart. Beim legendären „Powder-Puff-Derby" gehen insgesamt 20 Pilotinnen an den Start, von denen 18 aus den USA stammen: Florence („Pancho") Barnes, Marvel Crosson, Amelia Earhart, Ruth Elder, Claire Fahy, Edith Foltz, Mary Haizlip, Jessie Keith-Miller (Australien), Opal Kunz, Ruth Nichols, Gladys O'Donnell, Phoebe Omlie, Neva Paris, Margaret Penny, Thea Rasche (Deutschland), Louise Thaden, Bobbi Trout, Mary von Mach und Vera Dawn Walker. Davon erreichen 13 Frauen das Ziel. Den scherzhaften Begriff

„Powder-Puff-Derby" („Puderquastenrennen") hat der Komiker Will Rogers (1879–1935) geprägt. Er beruht auf dem Kosmetik-Utensil, mit dem sich die Pilotinnen nach den Landungen puderten.

2. November 1929: Amelia Earhart gründet zusammen mit vier anderen bekannten Pilotinnen auf dem Flugplatz „Curtiss Field" in Valley Stream, Long Island (New York), den „Club der Neunundneunzig" („Ninety Nines"), der die Stellung der Frauen in der Luftfahrt stärken soll. Einen solchen Club hatte Clara Trenckman Studer, eine flugbegeisterte Assistentin und Helferin ohne Pilotenschein, angeregt. Die Einladung zur Gründungsversammlung war am 9. Oktober 1929 an 117 Pilotinnen in den USA verschickt und von Fay Gillis, Margorie Brown, Frances Harrel und Neva Paris unterzeichnet worden. Zur Gründungsversammlung kommen 26 Pilotinnen nach Valley Stream, nur vier davon mit dem Flugzeug, die anderen wegen schlechten Wetters mit dem Zug. Ein zweites Treffen erfolgt am 14. Dezember 1929 in New York City. Dabei macht Jean Davis Hoyt (gestorben 1988) den Vorschlag, den Club nach der Zahl der Frauen in den USA zu benennen, die einen Pilotenschein besitzen und Interesse an der Gründung des Clubs zeigen. Neva Paris soll die Wahl einer Präsidentin koordinieren, doch sie kommt Anfang 1930 bei einem Flugzeugabsturz ums Leben. Louise Thaden fungiert als „provisorische Präsidentin" des Clubs. Bald gehörten 99 Fliegerinnen zum Club und dessen Name steht fest. 1931 wird Amelia Earhart zur Präsidentin gewählt und bleibt dies bis 1933. „Ninety Nines" behauptet sich bis heute und zählt derzeit weltweit mehr als 20.000 Mitglieder.

November 1929: Die amerikanischen Pilotinnen Evelyn („Bobby") Trout (1906–2003) und Elinor Smith (geboren 1911) unternehmen den ersten Frauenflug mit Luftbetankung.

Dezember 1929: Amy Johnson (1903–1941) wird die erste Flugzeugmechanikerin in Großbritannien.

5. bis 24. Mai 1930: Die britische Pilotin Amy Johnson-Mollisson (1903–1941) fliegt als erste Frau allein von England nach Australien.

1930: Die britische Fliegerin Beryl Markham (1902–1986) wird die erste Berufspilotin Afrikas.

1930: Anne Morrow Lindbergh (1906–2001) wird die erste Segelfliegerin der USA.

6. März 1931: Ruth Rowland Nichols stellt mit 8.760,9 Metern einen Höhen-Weltrekord für Frauen auf.

13. April 1931: Ruth Rowland Nichols stellt mit 339,1 Stundenkilometern einen Geschwindigkeits-Weltrekord für Frauen auf.

1931: Leyla Mammadbeyova (1909–1989) wird die erste Pilotin in Aserbaidschan.

Juni 1931: Ruth Rowland Nichols scheitert beim Atlantiküberflug.

18. bis 29. August 1931: Die deutsche Pilotin Marga von Etzdorf (1907–1933) fliegt allein von Berlin nach Tokio.

1931: Pauline Mary Gower (1910–1947) betreibt den ersten Lufttaxidienst in Großbritannien.

1931: Die deutsche Pilotin Vera von Bissing (1906–2002) beherrscht als einzige Frau den Looping nach vorn.

1931: Die deutsche Fallschirmspringerin Lola Schröter (1906–1953) stellt mit einem Sprung aus 6.000 Metern Höhe einen Frauenrekord auf.

Oktober 1931: Hazel Ying Lee (1912–1944) erhält als eine der ersten chinesisch-amerikanischen Frauen eine Fluglizenz.

4. Dezember 1931: Die deutsche Fliegerin Elly Beinhorn (1907–2007) startet zu einem erfolgreichen Weltflug. Sie ist die erste Frau, die alle fünf Erdteile mit dem Flugzeug überfliegt.

26. Dezember 1931: Die australische Pilotin Maude Rose „Lores" Bonney (1897–1994) unternimmt den längsten Ein-Tages-Flug einer Frau von Brisbane nach Wangaratta (1.600 Kilometer).

20. Mai 1932: Die amerikanische Fliegerin Amelia Earhart fliegt mit einem einmotorigen Flugzeug als erste Frau über den Atlantik. Sie startet in Harbor Grace (Neufundland) und landet unweit von Londonderry (Nordirland).

Mai 1932: Die deutsche Schauspielerin und Pilotin Antonie Strassmann (1901–1952) fliegt an Bord des Flugschiffes „Do-X" von den USA nach Deutschland. Sie ist die erste Europäerin, die als fliegender Passagier den Atlantik überquert.

August/September 1932: Maude Rose „Lores" Bonney fliegt als erste Frau um Australien.

5. September 1932: Die amerikanische Pilotin Mary Haizlip (1910–1997) stellt in Cleveland (Ohio) mit 405,92 Stundenkilometern einen Geschwindigkeitsrekord für Frauen auf.

1932: Die Chinesin Katherine Cheung (1904–2003) wird die erste Asiatin mit Pilotenlizenz in den USA.

1932: Ruthy Tu (gestorben 1969) wird die erste Pilotin in der Chinesischen Armee.

1932: Die deutsche Pilotin Rosl Richter und ihr Ehemann unternehmen mit einem Leichtflugzeug einen Weltflug.

1932: Der Fallschirmspringerin Lola Schröter gelingt ein Rekordsprung aus 7.300 Metern Höhe.

1932: Luise Hoffmann (1910–1935) wird erste Werkspilotin in Deutschland.

1932: Phoebe Fairgrave Omlie wird die erste Regierungsbeamtin für Luftfahrt in den USA.

1932: Fay Gillis Wells (1908–2002) fliegt als erste Amerikanerin ein sowjetisches Zivilflugzeug.

10. bis 21. April 1933: Maude Rose „Lores" Bonney fliegt mit einer Maschine des Typs „Gipsy Moth" namens „My little Ship" als erste Frau von Australien nach England (Start in Brisbane, Landung in London. Flugstrecke rund 20.000 Kilometer).

1933: Freda Thompson (1909–1980) wird die erste Fluglehrerin in Australien.

1934: Die Französin Maryse Bastie (1898–1952) fliegt als erste Frau von Paris nach Tokio und zurück.

28. Januar bis 25. April 1934: Die Amerikanerin Laura Ingalls (1901–1967) unternimmt als erste Frau einen Alleinflug von Nordamerika nach Südamerika.

21. März 1934: Laura Ingalls fliegt als erste Amerikanerin über die Anden.

Mai 1934: Die Neuseeländerin Jean Batten (1909–1982) unternimmt als erste Frau einen Flug von England nach Australien und zurück.

28. September bis 6. November 1934: Die australische Pilotin Freda Thompson unternimmt den ersten Alleinflug einer Frau von England nach Australien. Während dieser 39 Tage langen Flugreise muss sie 20 Tage auf ein Ersatzteil warten.

23. Oktober 1934: Die amerikanische Ballonfahrerin Jeannette Piccard (1895–1981) fliegt als erste Frau in die Stratosphäre: Sie steigt zusammen mit ihrem Ehemann Jean-Felix Picard (1884–1963) über dem Erisee in eine Höhe von 17.550 Metern auf.

31. Dezember 1934: Die Amerikanerin Helen Richey (1909–1947) wird die erste Pilotin bei einer planmäßigen Airline („Central Airlines").

Anfang 1935: Der amerikanischen Fliegerin Amelia Earhart glückt der erste Flug von Hawaii zum amerikanischen Festland. Diese Route ist länger als die Strecke von den USA nach Europa.

April 1935: Liesel Zangenmeister stellt in Rossitten (Ostpreußen) mit 12 Stunden 57 Minuten einen Dauer-Weltrekord im Segelflug auf.

1935: Amelia Earhart unternimmt als Erste einen Alleinflug von Los Angeles (Kalifornien) nach Mexico City (Mexiko), Flugzeit 13 Stunden 23 Minuten.

1935: Amelia Earhart unternimmt als Erste einen Alleinflug von Mexico City nach Newark, Flugzeit 14 Stunden 19 Minuten.

Ende 1935: Jean Batten fliegt als erste Frau von England nach Südamerika (Brasilien), Flugstrecke rund 5.000 Meilen (umgerechnet 8.000 Kilometer), Flugzeit 61 Stunden 15 Minuten

1936: Katarina Matanovic-Kulenovic (1913–2003) wird die erste kroatische Pilotin.

4. September 1936: Louise Thaden (1905–1979) und Blanche Noyes (1900–1981) besiegen als erste Frauen bei einem Flugwettrennen („Bendix Trophy Race") männliche Piloten. Sie fliegen sie von New York City nach Los Angeles in 14 Stunden 55 Minuten und stellen damit einen Weltrekord auf.

4./5. September 1936: Die englische Pilotin Beryl Markham (1902–1986) fliegt als erste Frau allein von London (England) über den Atlantik nach Nova Scotia (Kanada).

1936: Jean Batten fliegt als erste Frau über den Südatlantik.

1936: Laura Ingalls fliegt als erste Frau nonstop von der Ostküste zur Westküste der USA.

März 1937: Jean Burns wird im Alter von 17 Jahren die jüngste Pilotin in Australien.

17. Mai 1937: Die deutsche Fliegerin Hanna Reitsch (1912–1979) wird als erste Frau der Welt ehrenhalber zum Flugkapitän ernannt. Dieser Titel war sonst Flugzeugführern der „Deutschen Lufthansa" vorbehalten.

Mai 1937: Hanna Reitsch überquert als erste Pilotin der Welt im Segelflug die Alpen.

Juni 1937: Die deutsche Pilotin Eva Schmidt (1914–1945) erreicht eine Weltbestleistung im Segelflug-Streckenflug für

Frauen vom Hornberg (Schwäbische Alb) nach Plauen im Vogtland (Sachsen) und einen Dauerflug-Rekord von 14 Stunden.

Juni 1937: Inge Wetzel stellt in Rossitten (Ostpreußen) mit 18 1/2 Stunden einen Segelflug-Weltrekord im Dauerflug auf, wird aber bereits im Juli 1937 von Feodora Schmidt übertroffen.

1937: Amelia Earhart fliegt – im Rahmen ihrer Erdumrundung – als Erste vom Roten Meer nach Indien.

2. Juli 1937: Amelia Earhart und ihr Navigator Fred Noonan (1893–1937) kehren von ihrer geplanten spektakulären Erdumrundung nicht mehr zurück. Um das ungeklärte Verschwinden der Beiden im Pazifik ranken sich zahlreiche Legenden.

4. Juli 1937: Hanna Reitsch fliegt in Bremen als erste Frau einen Hubschrauber.

1937: Maude Rose „Lores" Bonney fliegt als erste Frau allein von Australien (Brisbane) nach Südafrika (Kapstadt), Flugstrecke 29.088 Kilometer.

1937: Sabiha Gökcen (1913–2001) wird die erste Kampfpilotin der Türkei. Sie fliegt Kampfeinsätze in Thrakien und in der Ägäis.

1937: Die deutsche Fliegerin Melitta Schenk Gräfin von Stauffenberg (1903–1945), geborene Melitta Schiller, besitzt als einzige Frau Deutschlands alle Flugzeugführerscheine für sämtliche Klassen von Motorflugzeugen und Segelflugzeugen sowie den Kunstflugschein.

1937: Die Argentinierin Susanna Ferrari Billinghurst (1914–1999) erwirbt als erste Frau in Südamerika einen kommerziellen Pilotenschein.

1937: Die russischen Pilotinnen Marina Raskowa (1912–1943) und Walentina Stepanowna Grisodubowa (1910–1993) stellen mit einem Nonstop-Flug über 1.443 Kilometer einen Frauenweltrekord auf.

1937: Die amerikanische Fliegerin Jacqueline Cochran (1906–1980) macht als erste Frau einen Blindflug (Instrumentenlandung).

28. Oktober 1937: Melitta Schenk Gräfin von Stauffenberg erhält – nach Hanna Reitsch – als zweite Frau der Welt den Titel „Flugkapitän".

Frühjahr 1938: Hanna Reitsch, die erste Frau mit Helikopter-Lizenz, unternimmt in der riesigen Berliner Deutschlandhalle mit einem Hubschrauber den ersten Hallenflug der Welt.

2. Juli 1938: Den russischen Pilotinnen Walentina Stepanowna Grisodubowa (1910–1993), Wera Lomako (geboren 1913), Polina Ossipenko (1907–1939) und Marina Raskowa (1912–1943) gelingt ein Weltrekord-Fernflug für Frauen von Sewastopol nach Archangelsk über eien Flugstrecke von 2.416 Kilometern.

24./25. September 1938: Marina Raskowa, Walentina Stepanowna Grisodubowa und Polina Ossipenko stellen mit einem 5.908,610 Kilometer langen Fernflug von Moskau nach Kerbi unweit des Ochotskischen Meeres einen Weltrekord für Frauen auf. Am 2. November 1938 erhalten sie für diesen Weltrekord-Fernflug als erste Frauen der sowjetischen Geschichte den Titel „Held der Sowjetunion".

1939: Willa Brown Chappell (1906–1992) wird die erste Afro-amerikanerin mit kommerzieller Pilotenlizenz in den USA

1939/1940: Beate Köstlin (1919–2001), später Beate Uhse, wirkt als erste deutsche Stuntpilotin in den Filmen „D III 88" (1939) und „Achtung, Feind hört mit" (1940) mit.

1. Juli 1941: Die Amerikanerin Jacqueline Cochran überführt als erste Frau einen Bomber über den Atlantik.

Ab 1941: Marina Raskowa und sechs andere weibliche Offiziere organisieren drei nur aus Frauen bestehende sowjetische Fliegerregimenter. Am Ende der Ausbildung werden in Engels drei Regimenter aufgestellt: das 586. Jagdfliegerregiment mit „Jak-2"-Flugzeugen, das 587. Tagbomberregiment mit „Pe-2"-Flugzeugen und das mit „U-2"-Flugzeugen ausgerüstete 588. Nachtbomberregiment („Nachthexen"). Kommandantinnen des 586. Jagdflieger-regiments sind: Lydia Litvak, Raisa Belyayeva, Tamara Pamyatnykh, Raya Surnachevskaya, Marina Kuznetsova. Kommandantinnen des 587. Tagbomberregiments sind: Kladiya Fomicheva, Marina Raskowa, Nadeshda Fedutenko.

Kommandantinnen des 588. Nachtbomberregiments sind: Yevodokya Bershanskaya, Yevgeniya Zhigulenko, Tatyana Makorova, Yevdokia Nosal, Nina Ulynenko.

Oktober 1942: Hanna Reitsch fliegt in Augsburg bei „Messerschmitt" das erste Raketenflugzeug der Welt.

21. März 1943: Cornelia Clark Fort (1919–1943) stirbt bei der Überführung einer Maschine des Typs „BT-13A" als erste Pilotin im Dienst der US-Army, als sie über Merkel, Taylor County (Texas), mit einem anderen Flugzeug zusammenstößt. An sie erinnert der 1945 nach ihr benannte „Cornelia Fort Airport" in Nashville (Tennessee).

14. Okober 1944: Die Amerikanerin Ann G. Baumgartner Carl (1918–2008) ist die erste Frau in einem Turbojet-Kampfflieger.

1948: Betty Skelton Frankman Erde (1926–2011) wird die erste US-Meisterin in Luftakrobatik.

1949: Betty Skelton Frankman Erde stellt mit 7.853 Metern einen Höhenweltrekord für Frauen auf.

16. September 1950: Nancy Bird Walton (1915–2009) gründet die australische Pilotinnenorganisation „Australian Women Pilot's Association" („AWPA").

März 1951: Die deutsche Pilotin Liesel Bach (1905–1992) fliegt als erste Frau über den Himalaja.

1951: Betty Skelton Frankman Erde stellt mit 8.850 Metern einen weiteren Höhenweltrekord für Frauen auf.

April 1953: Iris Wittig (1928–1978) fliegt zusammen mit einem sowjetischen Instrukteur als einer der ersten Piloten in einer „MiG-15UTI", dem ersten Strahlflugzeug der „DDR".

4. Juni 1953: Die amerikanische Pilotin Jacqueline Cochran erreicht mit einem Düsenjäger des Typs „F-86 Sabre" eine Durchschnittsgeschwindigkeit von 1.042 Stundenkilometern und durchbricht dabei in Sturzflügen aus 14.000 Meter Höhe als erste Frau zwei Mal die Schallmauer.

August 1953: Die französische Fliegerin Jacqueline Auriol (1917–2000) durchbricht mit einem Düsenjäger des Typs „Mystère" mit einer Geschwindigkeit von 1.195 Stundenkilometern als erste Europäerin die Schallmauer (Mach1).

1960-er Jahre: Jerrie Cobb besteht als erste Amerikanerin alle drei Tests für das von Jacqueline Cochran finanzierte Programm „Mercury 13". Mit diesem privat finanzierten Programm, das nicht Teil der Astronautenrekrutierung der „NASA" ist, will man beim Wettrennen im Weltraum mit der ersten Frau im All der Sowjetunion zuvorkommen. Der Name des Projektes beruht darauf, dass von den insgesamt 20 getesteten Frauen 13 die Tests bestehen: außer Jerrie Cobb später auch Myrte Cagle, Jan Dietrich, Marion Dietrich, Wally Funk, Janey Hart, Jean Hixson, Gene Nora Stumbough, Irene Leverton, Bernice Steadman, Sarah Ratley, Jerri Truhill und Rhea Woltman. Jerry Cobb, Rhea Hurle und Wally Funk unterziehen sich in Oklahoma City noch weiteren Tests und einer psychologischen Bewertung. Wenige Tage, bevor einige Frauen sich erweiterten Tests in Pensacola (Florida) in der „Naval School of Aviation Medicine" mit Militärausrüstung und Jets unterziehen sollen, erhalten sie ein Telegramm, in dem der Abbruch des Projekts mitgeteilt wird. Die Navy ist nicht bereit, ihr Equipment für ein inoffizielles Projekt bereitzustellen. Im Mai 2007 verleiht die „University of Wisconsin-Oshkosh" den damals noch acht lebenden Frauen von „Mercury 13" Ehrendoktortitel für ihren „Pioniergeist und die Anstrengungen bei der Weiterentwicklung der Frauen-rechte".

16. Juni 1963: Die russische Kosmonautin Walentina Tereschkowa startet in Baikonur (Kasachstan) an Bord des Raumschiffes „Wostock VI" als erste Frau ins Weltall. Sie umkreist 49 Mal die Erde, bevor sie am 19. Juni 1963 in Novosivbirsk landet.

26. August 1963: Diana Barnato Walker (1918–2008) durchbricht als erste Britin die Schallmauer.

19. März bis 17. April 1964: Geraldine „Jerry" Mock fliegt als erste Amerikanerin erfolgreich um die Welt. Vor ihr hatte dies 1931 schon die deutsche Fliegerin Elly Beinhorn getan. Weil der Weltflug von Elly Beinhorn in den USA nicht allgemein bekannt ist, wird Geraldine „Jerry Mock" dort oft irrtümlich als Frau erwähnt, die als Erste um die Welt geflogen sein soll.

Juni 1966: Berta Zeron (1924–2000) wird die erste Frau in Mexiko mit einem kommerziellen Pilotenschein.

1966: Die britische Pilotin Sheila Scott (1927–1988) fliegt 50.000 Kilometer in 189 Flugstunden.

1967: Ursula Bühler-Hedinger (1943–2009) wird die erste schweizerische Linienpilotin und Jetpilotin.

28. März 1967: Fiorenza de Bernardi wird die erste Airline-Pilotin in Italien (nach eigenen Angaben die fünfte der Welt) und im selben Jahr in ihrem Heimatland auch der erste weibliche Flugkapitän.

1969: Turi Wideroe wird der erste weibliche Luftverkehrspilot bei einer großen Fluggesellschaft in Norwegen. Sie fliegt im Dienste der „Scandinavian Airlines Systems" („SAS").

28. Juni 1971: Die amerikanische Pilotin Louise Sacchi (1913–1997) stellt bei einem Flug von New York nach London innerhalb von 17 Stunden 10 Minuten einen Geschwindigkeitsrekord auf.

1971: Sheila Scott fliegt bei einem Langstreckenflug über 50.000 Kilometer als erste Frau mit einem Leichtflugzeug über den Nordpol.

29. Januar 1973: Emily Howell Warner wird die erste Pilotin für eine kommerzielle Airline in den USA.

22. Februar 1974: Barbara Ann Rainey (1948–1982), geborene Barbara Ann Allen, wird die erste Marinepilotin der „United States Navy".

4. Juni 1974: Sally Murphy qualifiziert sich als erste Frau als Pilotin für die „United States Army".

1974: Die Italienerin Fiorenza di Bernardi wird die erste Gletscherpilotin der Welt.

1974: Die Amerikanerin Marry Barr wird die erste Pilotin in der Forstwirtschaft („United States Forest Service") der Vereinigten Staaten.

1974: Captain Leslie F. Kenne wird die erste Frau an der Testpilotenschule der US-Luftwaffe.

1974: Wally Funk wird die erste Inspektorin der Flugsicherung innerhalb der amerikanischen Verkehrsbehörde „National Transportation Safety Board" („NTSB") in Washington D.C. Die „NTSB" befasst sich mit der Aufklärung von Unglücksfällen im Transportwesen (Eisenbahnen, Luftfahrt, Schifffahrt, Pipelines und Autobahnen). Für die Luftfahrt entspricht der Aufgabenbereich der Bundesstelle für Flugunfalluntersuchung in Deutschland.

6. Juni 1976: Emily Howell Warner wird der erste weibliche Kapitän einer US-Airline.

Ende 1976: Die deutsche Pilotin Rita Maiburg (1951–1977) wird der erste und einzige weibliche Flugkapitän im regulären

Liniendienst der westlichen Welt. Die Bulgarin Maria Atanasova kommandiert damals eine düsengetriebene Fracht-maschine, die Engländerin Yvonne Sintes ist Captain bei einer britischen Chartergesellschaft

1976: Rosemary Bryant Mariner fliegt als erste Frau ein leichtes Kampfflugzeug.

1978: Rhea Seddon (geboren 1947), Kathryn Sullivan (geboren 1951), Judith A. Resnik (1949–1986), Sally Kristen Ride (ge-boren 1951), Anna Lee Fisher (geboren 1949) und Shannon Lucid (geboren 1942) werden als erste Frauen in das Astronau-tencorps der „NASA" aufgenommen.

11. April 1980: Eleanor Conn unternimmt mit ihrem Ehemann Sidney Conn die erste Ballonfahrt über den Nordpol.

2. Juli 1980: Die Amerikanerin Lynn Rippelmeyer fliegt als erste Frau einen Jumbo-Jet „Boeing 747".

3. Dezember 1980: Die Amerikanerin Janice Brown unternimmt in der Nähe von Marana (Arizona) mit einem kleinen Solarflugzeug namens „Solar Challenger" den ersten Langstrecken-Solarflug (Flugstrecke 6 Meilen, Flugzeit 22 Minuten).

1980: Deborah Jane Lawrie wird die erste Pilotin bei einer australischen Fluggesellschaft.

14. Februar 1981: Neta Snook (1896–1991) ist mit 85 Jahren die älteste Pilotin der USA.

11. März 1981: Die Amerikanerin Doris Grove stellt mit 1.127,68 Kilometern einen Segelflug-Weltrekord auf.

17. Dezember 1982: Die amerikanische Pilotin Mary Haizlip (1910–1997) wird als erste Frau in der Luft- und Raumfahrt in die „Oklahoma Aviation and Space Hall of Fame" aufgenommen.

18. Juni 1983: Die Astronautin Sally Kristen Ride fliegt als erste Amerikanerin im Weltall.

1983: Regula Eichenberger wird die erste Linienpilotin bei einer schweizerischen Airline („Crossair").

19. Juli 1984: Die amerikanische Pilotin Lynn Rippelmeyer fliegt als erster weiblicher Kapitän mit einer „Boeing 747" über den Atlantik. Der Start erfolgt in Newark, die Landung in London-Gatwick.

19. Juli 1984: Die amerikanische Pilotin Beverly Lynn Burns fliegt als erster weibliche Kapitän mit einer „Boeing 747" über die USA. Ihr historischer Flug mit einer Maschine der Fluggesellschaft „PEOPLExpress" führt von Newark nach Los Angeles.

25. Juli 1984: Die sowjetische Kosmonautin Swetlana Sawizkaja unternimmt als erste Frau einen Spaziergang im Weltall.

11. Oktober 1984: Die Astronautin Kathryn Dwyer Sullivan unternimmt als erste Amerikanerin einen Spaziergang im All.

14. Dezember 1986: Die amerikanische Astronautin Jeana Yeaeger startet zusammen mit Dick Rutan mit einem Voyager-Flugzeug zur ersten Nonstop-Weltraumumrundung ohne Auftanken und Zwischenlanden. Sie fliegen in 9 Tagen 3 Minuten 44 Sekunden eine Strecke von insgesamt 42.120 Kilometern.

1989: Gaby Kennard fliegt als erste Australierin mit einem Flugzeug des Typs „Piper Saratoga" namens „Gerty" in 99 Tagen allein um die Welt.

1990: Allana Arnot (geb. 1967) fliegt als erste Australierin mit einem Hubschrauber um die Welt.

1990: Rosemary Bryant Mariner wird die erste Kommandantin einer operativen Fliegerstaffel in den USA.

Winter 1990: Rosella Bjornsön wird der erste weibliche Kapitän für eine kommerzielle Fluggesellschaft in Kanada.

14. Mai 1992: Die amerikanische Astronautin Kathryn Thornton unternimmt den längsten Spaziergang im Weltall. Er dauert 7 Stunden 44 Minuten.

12. bis 20. September 1992: Carol Mae Jemison fliegt mit der Raumfähre „Endeauvour" als erste afro-amerikanische Astronautin im Weltall.

1. Oktober 1992: Die Amerikanerin Victoria („Vicki") von Meter (1982–2008) erregt als jüngste Fliegerin der Welt großes Aufsehen. Sie steuert als Zehnjährige erstmals ein Flugzeug,

25. März 1993: Die Britin Barbara Hamer ist die erste Frau, die – als Erster Offizier und Kopilotin – mit einem kommerziellen Überschallflugzeug fliegt. Dies geschieht bei einem Flug mit „British Airways" auf der „Concorde" von London nach New York City.

20. bis 23. September 1993: Vicki van Meter überfliegt im Alter von elf Jahren die USA – von Augusta (Maine) nach San Diego (Kalifornien).

1993: Sarah Deal wird erster weiblicher Pilot des „United States Marine Corps".

21. April 1994: Jackie Parker qualifiziert sich als erste Pilotin für das F-16-Kampfflugzeug.

4. bis 7. Juni 1994: Vicki van Meter überfliegt im Alter von zwölf Jahren den Atlantik.

12. Juli 1994: Die elfjährige Amerikanerin Katrina Mumaw wird das „schnellste Kind der Welt": Sie bricht zusammen mit einem russischen Piloten in einem „MiG-29"-Kampfjet die Schallmauer.

1994: Kara Hultgreen (1965–1994) wird die erste Kampf-pilotin der US-Marine in einer „F-14 Tomcat".

3. Oktober 1994 bis 22. März 1995: Die Russin Elena Konda-kowa, nach anderer Schreibweise Yelena Vladimirovna Kon-dakova, unternimmt den ersten Dauerflug einer Frau im All.

3. bis 11. Februar 1995: Eileen Collins wird die erste amerikanische Raumfährenpilotin bzw. Shuttlepilotin.

1995: Martha McSally unternimmt bei der Operation „Southern Watch" als erste Pilotin der US-Luftwaffe (von Kuwait aus) Kontrollflüge in feindlichem Gebiet (Irak). Sie ist die erste Pilotin der „U.S. Air Force", die mit einem Militärflugzeug über Feindgebiet fliegt.

22. März bis 26. September 1996: Shannon Lucid wird mit einem 188 Tage langen Flug die Amerikanerin, die sich am längsten im Weltraum aufhält.

19. November 1997: Kalpana Chawla (1961–2003) unternimmt mit der amerikanischen Raumfähre „Columbia" als erste Inderin einen Flug im Weltall.

16. Dezember 1998: Kendra Williams, Leutnant bei der „United States Navy", bombardiert bei der Operation „Desert Fox" als erster weiblicher Kampfpilot der USA über dem Irak ein feindliches Ziel.

12. Januar 1999: Erstmals ist das Cockpit einer „Swissair"-Maschine ausschließlich mit Frauen besetzt: Kapitän Gabrielle Musy-Lüthi und Kopilotin Claudia Wehrli fliegen einen „Airbus A320" von Zürich-Kloten nach Paris.

23. bis 28. Juli 1999: Eileen Collins wird die erste Kommandantin einer amerikanischen Raumfähre („Space Shuttle").

Januar bis Mai 2001: Die Britin Polly Vacher unternimmt als erste Frau mit einem Kleinflugzeug ("Piper PA-28 Cherokee Dakota G-FRGN") – über Australien – einen Flug um die Welt.

6. Mai 2003 bis 27. April 2004: Polly Vacher fliegt von Birmingham aus über den Nordpol, die Antarktis und alle Erdteile. Damit wird sie die erste Frau, die allein die Polarregionen überquert. Bei diesem Unternehmen fliegt sie auch innerhalb von 16 Stunden von Hawaii nach Kalifornien.

Um 2005: Hanadi Zakaria al-Hindi wird der erste weibliche Flugkapitän in Saudi-Arabien.

13. März 2006: Die amerikanische Pilotin Elizabeth A. Okoreeh-Baah fliegt als erste Frau ein senkrecht startendes "V-22 Osprey Tiltrotor"-Flugzeug.

2006: Nicole Malachowski wird als erste Frau bei den "Thunderbirds", einer Kunstflugstaffel der Luftstreitkräfte der USA, aufgenommen.

18. bis 29. September 2006: Die amerikanisch-iranische Multimillionärin Anoushe Ansari wird der erste weibliche Weltraumtourist, der erste weibliche Muslim und die erste Iranerin im Weltraum. Sie startet am 18. September 2006 mit einem Sojus-Raumschiff zur "Internationalen Raumstation" ("ISS"), erreicht am 20. September die "ISS" und kehrt am 29. September 2006 mit "Sojus TMA-8" zur Erde zurück.

Autor Ernst Probst,
Foto: Klaus Benz, Fotograf, Mainz-Laubenheim

Der Autor Ernst Probst

Ernst Probst, geboren am 20. Januar 1946 in Neunburg vorm Wald im bayerischen Regierungsbezirk Oberpfalz, ist Journalist und Buchautor. Er arbeitete von 1968 bis 1971 als Redakteur bei den „Nürnberger Nachrichten", von 1971 bis 1973 in der Zentralredaktion des „Ring Nordbayerischer Tageszeitungen" in Bayreuth und von 1973 bis 2001 bei der „Allgemeinen Zeitung", Mainz. In seiner Freizeit schrieb er Artikel für die „Frankfurter Allgemeine Zeitung", „Süddeutsche Zeitung", „Die Welt", „Frankfurter Rundschau", „Neue Zürcher Zeitung", „Tages-Anzeiger", Zürich, „Salzburger Nachrichten", „Die Zeit", „Rheinischer Merkur", „Deutsches Allgemeines Sonntagsblatt", „bild der wissenschaft", „kosmos", „Deutsche Presse-Agentur" (dpa), „Associated Press" (AP) und den „Deutschen Forschungsdienst" (df). Aus seiner Feder stammen die Bücher „Deutschland in der Urzeit" (1986), „Deutschland in der Steinzeit" (1991), „Rekorde der Urzeit" (1992), „Dinosaurier in Deutschland" (1993 zusammen mit Raymund Windolf) und „Deutschland in der Bronzezeit" (1996). Von 2001 bis 2006 betätigte sich Ernst Probst als Buchverleger.

Literatur

NIKLAS, Christa: Therese und Lisl Schwab. Die Malerin und die Pilotin. Aus: Zeit der Frauen. Ingolstädterinnen aus drei Jahrtausenden. Sammelblatt des Historischen Vereins Ingolstadt, Jahrgang 113, S. 289–333, Ingolstadt 2004

PROBST, Ernst: Königinnen der Lüfte in Deutschland, München 2010

PROBST, Ernst: Königinnen der Lüfte in Europa, München 2010

PROBST, Ernst: Königinnen der Lüfte von A bis Z, München 2010

PROBST, Ernst / EIMANNSBERGER, Josef: Drei Königinnen der Lüfte aus Bayern, München 2010

ZEGENHAGEN, Evelyn: Schneidige deutsche Mädel. Fliegerinnen zwischen 1918 und 1945, Göttingen 2007

E-Books über „Königinnen der Lüfte"

Aida de Acosta. Erster Alleinflug mit einem
lenkbaren Luftschiff
Elsa Andersson. Die erste Pilotin aus Schweden
Jacqueline Auriol. Sie durchbrach als erste Europäerin
die Schallmauer
Liesel Bach. Deutschlands erfolgreichste
Kunstfliegerin
Pancho Barnes. Amerikas erste Stuntpilotin
Maryse Bastié. Die Fliegerin, die acht Weltrekorde
brach
Jean Batten. Neuseelands berühmteste Pilotin
Melli Beese. Die erste Deutsche mit Pilotenlizenz
Elly Beinhorn. Deutschlands Meisterfliegerin
Vera von Bissing. Eine Kunstfliegerin
der 1930-er Jahre
Sophie Blanchard. Die erste professionelle
Luftschifferin
Adrienne Bolland. Die erste Frau, die über die Anden
flog
Hèléne Boucher. Die französische „Wunderfliegerin"
Kalpana Chawla. Die erste Inderin im Weltall
Jacqueline Cochran. Die „schnellste Frau der Welt"
Bessie Coleman. Die erste Afro-Amerikanerin mit
Pilotenschein
Eileen Collins. Die erste Raumfähren-Pilotin

Hèléne Dutrieu. Die erste Pilotin in Belgien
Amelia Earhart. Die erste Frau, die zwei Mal über
den Atlantik flog
Ruth Elder. Die erste Frau, die den Flug über den
Atlantik wagte
Marga von Etzdorf. Die tragische deutsche Fliegerin
Elise Garnerin. Die „Venus im Ballon"
Sabiha Gökcen. Die erste türkische Pilotin
Frances Wilson Grayson. Tragischer Flug über den
Atlantik
Hilda Hewlett. Die erste britische Fliegerin
Maryse Hilsz. Die Rekordfliegerin aus Frankreich
Luise Hoffmann. Die erste deutsche Einfliegerin
Kara Spears Hultgreen. Die erste „F-14 Tomcat"-
Kampfpilotin
Laura Ingalls. Die erste Amerikanerin, die über
Südamerika flog
Carol Mae Jemison. Die erste afro-amerikanische
Astronautin
Amy Johnson-Mollison. Englands erste
Flugzeugmechanikerin
Thea Knorr. Die erste Schleißheimer Fliegerin
Raymonde de Laroche. Die erste Pilotin der Welt
Ruth Law. Erste Luftpost für die Philippinen
Anne Morrow Lindbergh. Die erste Amerikanerin mit
Segelflugschein.
Anne Löwenstein-Wertheim. Die fliegende Prinzessin
Shannon Lucid. Der längste Raumflug einer Frau

Rita Maiburg. Einer der ersten weiblichen
Linienflugkapitäne
Beryl Markham. Die erste Berufspilotin in Ostafrika
Marie Marvingt. Die „Mutter der Luftambulanz"
Christa McAuliffe. Die amerikanische Nationalheldin
Victoria van Meter. Die jüngste Fliegerin der Welt
Jerry Mock. Im Alleinflug um die Erde
Mathilde Moisant. Eine frühe Fliegerin in den USA
Käthe Paulus. Deutschlands erste Luftschifferin
Thérèse Peltier. Die erste Flugzeugpassagierin der
Welt
Harriet Quimby. Die erste Amerikanerin mit
Flugschein
Bessica Medlar Raiche. Eine der ersten Fliegerinnen
in den USA
Barbara Allen Rainey. Die erste Marinepilotin der
USA
Thea Rasche. The Flying Fräulein
Marina Raskowa. Eine fliegende „Heldin
der Sowjetunion"
Wilhelmine Reichard. Die erste Ballonfahrerin
in Deutschland
Hanna Reitsch. Die Pilotin der Weltklasse
Sally Kristen Ride. Die erste Amerikanerin
im Weltall
Swetlana Sawizkaja. Die erste Spaziergängerin im
Weltall
Christl-Marie Schultes. Die erste Fliegerin in Bayern

Blanche Stuart Scott. Die erste Amerikanerin, die ein Flugzeug flog
Melitta Schenk Gräfin von Stauffenberg. Deutsche Heldin mit Gewissensbissen
Katherine Stinson und Marjorie Stinson. Die fliegenden Schwestern
Kathryn Dwyer Sullivan. Rekordspaziergängerin im Weltall
Walentina Tereschkowa. Die erste Frau im Kosmos
Élisabeth Thible. Die erste Passagierin einer Montgolfière
Kathryn Thornton. Berühmte Spaziergängerin im Weltall
Sabine Trube. Die deutsche Düsenjet-Kommandantin
Beate Uhse. Deutschlands erste Stuntpilotin
Nancy Bird Walton. Australiens erste und jüngste Verkehrspilotin

Bestellungen bei: www.grin.com

Bücher von Ernst Probst

Der Schwarze Peter. Ein Räuber im Hunsrück
und Odenwald
Elisabeth I. Tudor. Die jungfräuliche Königin
Julchen Blasius. Die Räuberbraut
des Schinderhannes
Königinnen der Lüfte von A bis Z
Königinnen der Lüfte in Europa
Königinnen der Lüfte in Deutschland
Königinnen der Lüfte in Bayern (zusammen
mit Josef Eimannsberger)
Königinnen des Tanzes
Machbuba. Die Sklavin und der Fürst
Maria Stuart. Schottlands tragische Königin
Meine Worte sind wie die Sterne. Die Entstehung
der Rede des Häuptlings Seattle
(zusammen mit Sonja Probst)

Superfrauen 1 – Geschichte
Superfrauen 2 – Religion
Superfrauen 3 – Politik
Superfrauen 4 – Wirtschaft und Verkehr
Superfrauen 5 – Wissenschaft
Superfrauen 6 – Medizin
Superfrauen 7 – Film und Theater

Superfrauen 8 – Literatur
Superfrauen 9 – Malerei und Fotografie
Superfrauen 10 – Musik und Tanz
Superfrauen 11 – Feminismus und Familie
Superfrauen 12 – Sport
Superfrauen 13 – Mode und Kosmetik
Superfrauen 14 – Medien und Astrologie
Superfrauen im Wilden Westen

Rekorde der Urzeit. Landschaften, Pflanzen
und Tiere
Rekorde der Urmenschen. Erfindungen, Kunst
und Religion
Archaeopteryx. Die Ur-Vögel aus Bayern
Der Ur-Rhein. Rheinhessen
vor zehn Millionen Jahren
Der Rhein-Elefant. Das Schreckenstier
von Eppelsheim
Deutschland im Eiszeitalter
Der Höhlenlöwe. Raubkatzen im Eiszeitalter
Der Mosbacher Löwe. Die riesige Raubkatze
aus Wiesbaden
Der Höhlenbär

Affenmenschen. Von Bigfoot bis zum Yeti
Monstern auf der Spur. Wie die Sagen über Drachen,
Riesen und Einhörner entstanden
Seeungeheuer. 100 Monster von A bis Z

Der Ball ist ein Sauhund. Weisheiten und Torheiten
über Fußball (zusammen mit Doris Probst)
Worte sind wie Waffen. Weisheiten und Torheiten
über die Medien (zusammen mit Doris Probst)
Schweigen ist nicht immer Gold. Zitate von A bis Z

Bestellungen bei: www.grin.com